Weihnachtslieder

mit Bildern von
Jule Andersen

CARLSEN

A, a, a, der Winter, der ist da

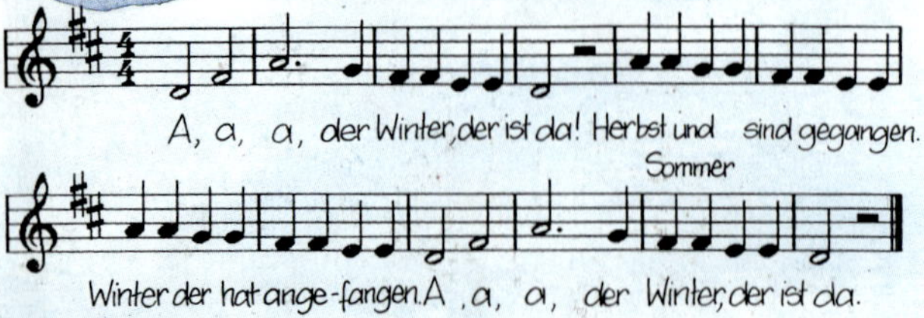

E, e, e, er bringt uns Eis und Schnee,
malt uns gar zum Zeitvertreiben
Blumen an die Fensterscheiben.
E, e, e, er bringt uns Eis und Schnee.

I, i, i, vergiß die Armen nie!
Wenn du liegst im warmen Kissen,
denk an die, die frieren müssen.
I, i, i, vergiß die Armen nie!

O, o, o, wie sind wir Kinder froh!
Sehen jede Nacht im Traume
uns schon unterm Weihnachtsbaume.
O, o, o, wie sind wir Kinder froh!

U, u, u, jetzt weiß ich, was ich tu:
Hol den Schlitten aus dem Keller,
und dann fahr ich immer schneller.
U, u, u, jetzt weiß ich, was ich tu.

ABC, die Katze lief im Schnee

Schneeflöckchen

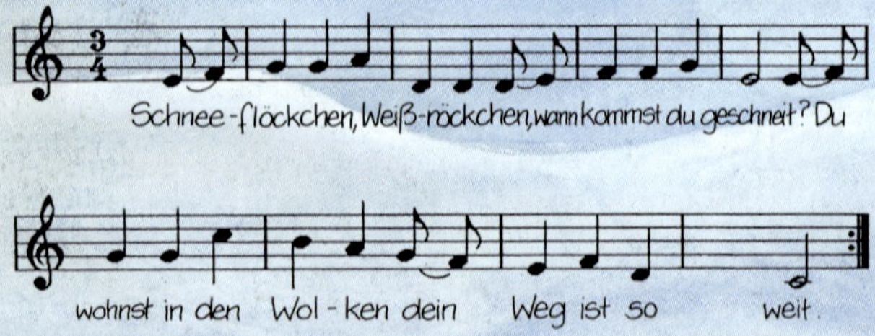

Komm, setz dich ans Fenster, du lieblicher Stern,
malst Blumen und Blätter, wir haben dich gern.

Schneeflöckchen, du deckst uns die Blümelein zu,
dann schlafen sie sicher, in himmlischer Ruh.

Alle Jahre wieder

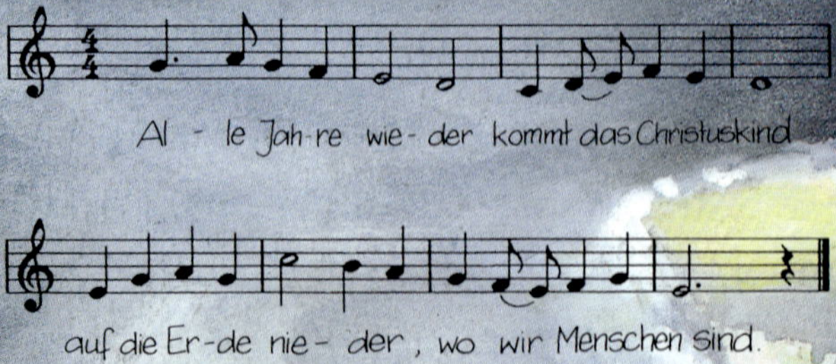

Kehr mit seinem Segen ein in jedes Haus,
geht auf allen Wegen mit uns ein und aus.

In meinem kleinen Apfel

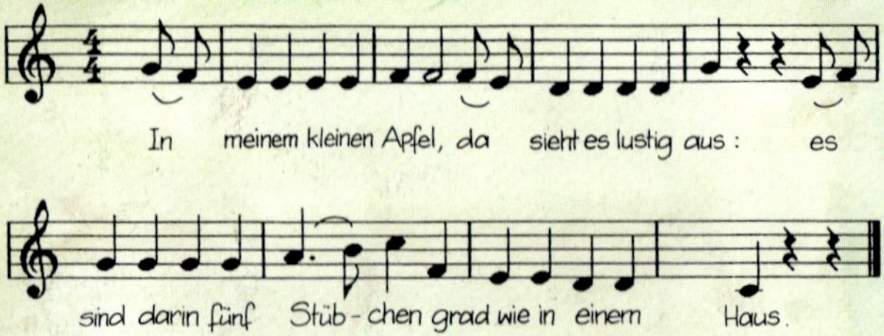

In jedem Stübchen wohnen
zwei Kernchen schwarz und fein,
die liegen drin und träumen
vom lieben Sonnenschein.

Sie träumen auch noch weiter,
gar einen schönen Traum,
wie sie einst werden hängen
am lieben Weihnachtsbaum.

Leise rieselt der Schnee
Lei - se rie - selt der Schnee, still und starr ruht der See,
weihnachtlich glänzet der Wald, freue dich, Christkind kommt bald!

In den Herzen wird's warm,
still schweigt Kummer und Harm,
Sorge des Lebens verhallt,
freue dich, Christkind kommt bald!

Bald ist Heilige Nacht,
Chor der Engel erwacht,
hört nur wie lieblich es schallt,
freue dich, Christkind kommt bald!

Laßt uns froh und munter sein
Laßt uns froh und munter sein und uns recht von Herzen freun. Lustig, lustig,
trala - lala - la, bald ist Nik - laus - abend da, bald ist Nik - laus - abend da.

PIXI

Dann stell ich den Teller auf,
Niklaus legt gewiß was drauf.

Niklaus ist ein guter Mann,
dem man nicht genug danken kann.

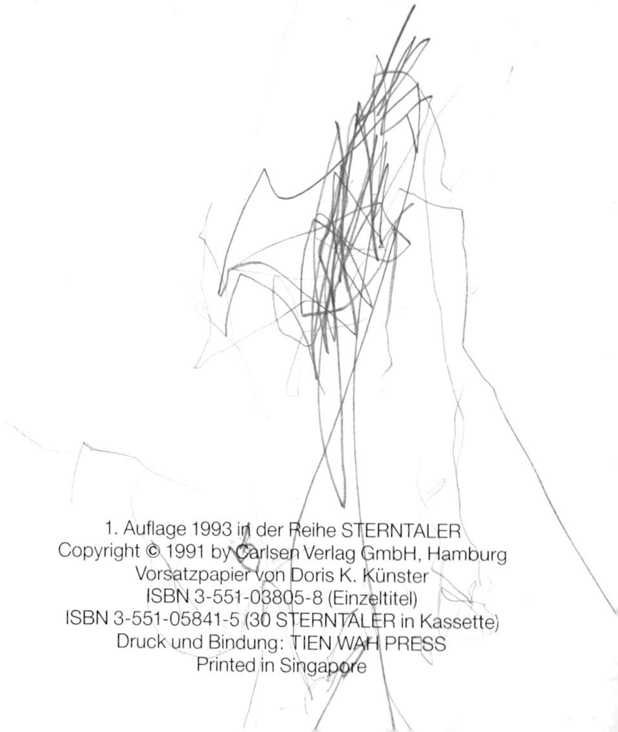

1. Auflage 1993 in der Reihe STERNTALER

Vorsatzpapier von Doris K. Künster
ISBN 3-551-03805-8 (Einzeltitel)
ISBN 3-551-05841-5 (30 STERNTALER in Kassette)
Druck und Bindung: TIEN WAH PRESS
Printed in Singapore